ASÍ
NACE
EL
POEMA

FERNANDO DE LA FUENTE

authorHOUSE®

AuthorHouse™ UK
1663 Liberty Drive
Bloomington, IN 47403 USA
www.authorhouse.co.uk
Phone: 0800.197.4150

Published by AuthorHouse 11/16/2017

ISBN: 978-1-5462-8360-7 (sc)
ISBN: 978-1-5462-8369-0 (e)

ÍNDICE:

Introducción

Hubo un tiempo en que el lector era el juez de la buena y mala poesía. Esto implicaba el concepto casi uniforme del concepto poesía. Concepto que había pasado la catarsis de los medios expresivos y lo hacían subsistir y pasar al mundo de lo clásico. La comunidad hablante recogía, seleccionaba y clasificaba todo el campo de lo literario.

Hoy día, este paso y aceptación poética está mediatizado por los clubs poéticos, por las cátedras de literatura y filosofía, por la imposición desde las cátedras universitarias. Toda la ciencia fenomenológica de la lingüística sucumbe ante los apelativos de generación, casi siempre sujeto a un criterio de unos pocos o de un maestro. La innovación y el afán de ser originales les impulsa a atacar lo tradicional. Una cosa es ser creativo y original y otra es destruir lo tradicional solo por el solo hecho de ser tradicional o por querer ser noticia. La fuerza de la cátedra universitaria y de la influencia doctrinal en el mundo de la enseñanza lleva casi siempre a olvidar la obra maestra del pasado y centrar el interés en los cambios que terminan con el mareo lingüístico de los " ismos" y de las "vanguardias". No todo ha sido despreciable, pero sí ha llevado al desquicio científico de la obra literaria de arte .Adoctrinar es esclavizar. La fenomenología, al incluir a la lingüística como ciencia, amplía el campo creativo y artístico. Se encuentran demasiados medios expresivos para ofrecer un nuevo camino de valor lingüístico, que todos entendemos, sin presentadores de la obra de arte y sin necesidad de saber la implicación de los símbolos, símiles, metáforas o comparaciones que ayudan a dar valor a la obra y a sentir su deseo comunicativo. Tan apremiante es respetar la creación individual como la personalidad del lector.

Liberados pues de todo otro valor externo el poema nace, lo crea el poeta y nos comunica lo que está almacenado en el alma del poeta. Al lector corresponde disfrutar y apreciar el valor lingüístico de la obra como creación poética.

Este poemario comienza por la presentación del lenguaje del bosque en el que todo lo existente llega a ser envuelto en esa comunicación holística de la naturaleza.

Así mismo presenta composiciones de tipo épico-lírico dedicadas a una visión muy personal de los poetas Leopoldo Panero y Miguel Hernández. Considera a Leopoldo en su finca de Castrillo de las Piedras: su casa en medio del encinar, con su grandes castaños y árboles frutales. Siguiendo el camino hacia un lado se llega al pueblo; pero si se sigue en otra dirección se llega a la estación de la " Vía del Oeste", Madrid- Astorga.

En el caso de Miguel Hernández el poeta se centra muy exclusivamente en su época de pastor, caminando por campos de verdes pastizales. Su primer periodo de su vida le coloca entre los "niños de la gleba".

El mismo poeta se incluye entre los "niños de la gleba ", los años pasados en la apertura de los campos y la sencillez aldeana. Son los niños que han pasado su vida dedicada, entregados al campo sin conocer, ni buscar lo oscuro de la política, de las armas y de la guerra.

La preocupación política está expresada en la "profecía del Río Tuerto", y la descripción de un médico político y la muerte de Isabel Carrasco.

Otros aspectos son la personalización "Paula" con su mensaje desde Canarias.

Un sabor navideño e infantil nos presenta el sueño de una niña y su mundo.

Cierra la presentación del libro el símbolo del tintero como colofón de la creatividad del poeta.

> – *allí donde no llega la filosofía,*
> *allí comienza la poesía,*
> *allí está el poema. (Antonio Colinas).*

....

Allí donde terminan las fronteras, los caminos se borran (O. Paz: libertad bajo palabra)

1.-El idioma del valle

Él hablaba, hablaba...
Era el idioma del bosque.
Los árboles reían.
Sus hojas temblaban y escuchaban el cuento.
Una emoción
dormida abrazaba un azul puro.
Cerca, muy cerca, la sensación humilde de una flor,
de un árbol, del río que todo era
apertura y entrega al buen diálogo.
Y el pájaro cantor tejía su discurso
y lo colgaba de un etéreo pentagrama.
Una amapola oronda se ruboriza
y enseña su botón amarillo en medio de su corola
cercada de negras pestañas
con su pícara risa.
Es la hora de siesta.
El bosque acalló su palabra,
ciudadano del bosque, piano, piano comienza
a hablar bajo, al oído.
Y un compás de silencio
deja percibir el aroma
propiedad de los campos en flor.
Solo al morir de la tarde
canta con letal nostalgia la caída
de ese sol grande y redondo,
que se muere allá lejos
tras las grises montañas.
El bla bla de la selva
se duerme mientras apenas acaba su cuento

y será presto
el silencio mortal sin su voz,
el recuerdo del idioma del valle.
En la noche se cambia de escenario
y comienza la babel de incógnito
su sección de gloria, mientras arriba
unas luces tristes iluminan la escena
con vestiduras negras y caras de payaso.

2.-Soledad

Soledad, cómo amarga ese nombre.
¡Soledad.!
Fue un día paraíso perdido;
el santo
en mi ciudad ermitaña, tomada,
cual brebaje amargo.
Fue diálogo plural,
mi yo y mi mundo;
el momento en que aprendí
el lenguaje místico,
íntimo, que atesoró valores míos y del mundo.
Es la soledad
solariega y amiga,
un compartir, desde mi orilla,
con una aceptación sin límites.
Es abrir puertas y ventanas
y reposar suave, amablemente
en el alfoz del alma
de mi Castilla sin par.
No se cerque la fortaleza con edificios de viento
y barro;
que se ensañará
el vendaval
y el aguacero, ciego, le estrellará
contra el toro de piedra.
La realidad que yo creo,
la realidad que yo pienso,
la injuria cantada en su verso,
la inocencia acrisolada

en la justicia humana;
no es justicia el señalar
la palabra, vaso de oro,
que llegue a la humanidad.
Deja la vida ser
su existencia, o la viva llenando
mi vaso vacío, borrar el castillo
de arena. No convierta en piedra
los castillos del manchego Hidalgo.

No es perfecto lo humano
para ser perfecto;
ni lo perfecto es humano
por ser perfecto.
Verbo-palabra, ser-existir:
Vivir en soledad, con mi yo,
sediento, avaro de hallarme,
de crecer, de ser más mi yo.
Esto es lo perfecto.
No es vacío por llenarme.
Soledad es vacío
de ruidos y reclamos.
Es camino sin mundanal estorbo.

3.-Poesía: devine entertaiment

Poesía, poesía,
pasión divina,
mortal divertimiento.
Griten los grupos
malditos.
Juren por siglos
vengarse.
Rompan el orden
fructífero
guerra a los dioses,
abajo el tirano
y sus pompas
de siglos doradas.

Y al fin
¿qué me queda?
Humo y ceniza
en mi cuerpo,
dolor quejido del viento,
un silencio bajo techo
de una losa inmóvil, pesada.

Poesía, pasión divina,
mortal divertimiento.
Sentado en un pobre banco
comparto mi mesa de paz,
a solas,, mi vida y pensamiento,
a la luz de una mente atrevida
que se lanza a crear su mundo,

el mundo en el que creo,
y en él me sumerjo.
El mundo que me une
sin envidias ni mentiras.
Pasión divina,
mortal divertimiento:
crear lo humano y amarlo,
crear el calor social de un amigo,
de un vecino con mano generosa
y hacer que suene mi verso
como una épica perenne y sagrada;
crear la miel de la victoria
sobre el mal y la muerte;
la paz de amar al Yo
univoco y consciente.

Poesía sueño
y futuro, paso firme
en un mar de insidias
venenosas, que hará
que la frágil nave cruce
y llegue a su fin en medio
de las encrespadas olas
de un mar bravío.
Poesía la que crea dentro de mí,
lo arcano y personal;
identidad de un YO escondido
que se muestra en la palabra,
en mis afanes por seguir
y caminar sin desmayo.
Poesía posesión de lo mío
y dado al más allá
y se queda en mente impresa
como un mortal desasosiego,

una idea, un sentimiento
compartido en la música
divina de unos versos,.
principio y fin de una ardiente
fantasía.

4.-Un molino en mi infancia

Era mediodía.
La paz de los campos
entretiene un sol de primavera.
Un encantador molino
prepara su oro líquido
con sus hornos y trapecios
golpeando fieramente
la semilla del lino en sudorosas bolsas
que van soltando su presa.
Una voz amiga
me invita. Me espera
la tostada con su baño de oro
-aceite de linaza aún caliente-
y el azúcar goloso.
El dulce gozo sabroso
brilla en mis ojos abiertos.
La escena se presta
a la celebración amiga.
En un portal, adornado
con unas plantas y flores,
están D. Miguel " el del molino",
su esposa, sus hijas y un nieto,
una escena del Caravaggio
con sus colores, su claro oscuro
en el portal del molino.
Mientras, ese pan de oro,
sacia mi sueño, mi suerte amiga.
Y el molino sigue su golpeteo;
unas aspas voladoras

se elevan y, el cómitre madero,
marca un ritmo, monótono e hiriente.
Era primavera.
La paz de la vega,
el sol de oro
sobre una tostada,
imagen de cómo se talla
un recuerdo
de D. Miguel, "el del molino".

5.-Político comprometido
Doctor Honoris Causa

El bueno de D. Nicolás
triste se estaba muriendo;
día a día, hora a hora iba pidiendo
saber de su enfermedad.

Por fin se llegó a su casa
la enciclopedia ambulante
y aunque te parezca guasa
el político mangante.

Página y media rezaba
entre títulos y honores
por eso siempre gozaba
ser doctor entre doctores.

El truhán vió a Nicolás
y dijo que se trataba
de una enteritis, no más;
y en la mañana siguiente
estaba cuerpo presente
D. Nicolás el paciente.

Rodaban los comentarios
a la ciencia diplomada,
"honoris causa",aclamada
y otros verdes honorarios.

Firmaba la defunción
ilegible jeribeque;
para que el fallo no peque
de falta de erudición
le seguían en bandada
sus títulos y adhesión
a un mal partido político
con un deseo eremítico
de seguir la tradición.

6.-Otra vez sonaron los clarines
La profecía del río Tuerto

Otra vez sonaron los clarines.
Otra vez hasta ti, España inmolada,
las súplicas, los conjuros,
ditirambos de políticos,
de hombres de una ciencia camuflada
de verborrea hueca de Hombre de Estado.
Y suben los rumores,
los clamores de rasgar la túnica inconsútil
del patrio imperio. Recortes afrentosos,
apuntándose derechos,
galones colgados de los que vuelven
después de perder el amor de un rincón,
cuna y suelo patrio. Tanto rencor
se cubre con las leyes de autonomías
y sus títulos de ambición y separatismo,
que amenaza con un final ciego
de la vuelta a los reinos de Taifas de la Edad Media.
Otra vez la túnica inconsútil
del imperio español vivirá la épica
de Cuba, Filipinas y las tierras
que adornaban la corona de una España Imperial.
Vuelven a sonar las voces
de los noventaiochistas:
"me duele España".
Y la Esfinge del divino lar
dejando su acento de amoroso idilio
desde el fondo de Tuerto

abre su oráculo del nacional desastre: una política
y una historia española
naufragará y volverá a ser
el mar ancho y ajeno a Castilla.
Y Castilla volverá a ser el rincón
oscuro y trágico del sudor y del trabajo.
Y sus gentes serán también oscuras,
un rincón levantado en Covadonga,
un estandarte arbolado en Granada.
Volvieron a España las voces del Olimpo
acogidas en otras naciones.
Volverán llenas de fermento de la ira
y del rencor y se suben uno a uno,
bando a bando, aclamando
el sendero estrecho de la paz,
retornando el arte de gritar, difamar
y llenar de niebla los senderos
que ataban los pueblos a una democracia
en marcha hacia lo simple, hacia lo eterno.
Un ansia de amar, de respetar las líneas y derechos.

7.-Tragedia

Mi yo y mi existencia:
Nace, crece y muere;
crece niño, púber,
adulto.
Soy una estrella fugaz
sobre un azul incierto;
sobre un azul que traga
mi pequeñez
frente a un abismo
lleno de ignorancia,
un tropiezo y nada más.

8.-Hoy no luce el sol

Es un triste día.
Agobia el calor,
el paisaje triste,
en su tristeza, se diluye
sobre el campo:
una esperanza hundida
en el precipicio yermo
del alma.

9.-No me digas cosas tristes

No me digas cosas tristes
que no las quiero,
que no las quiero.
Cuente usted cosas bonitas;
por ellas muero,
por ellas muero.

10.-Del marco de tu ventana

Del marco de tu ventana
unas gotas de rocío
perduran en la mañana.
Mensajes de amor perdido,
abrigo buscan,
cuando despiertes,
para mis males.
remedio amante.

11.-Cristal lake

Lo inmenso, lo infinito
Frente a lo caduco y efímero
la serenidad del lago,
el temblor en las hojas,
lo caduco gozando
su primavera vital.
La admiración de lo grande
que está ahí en ese rincón
del alma del mundo
que obedece al dictamen de su suerte.
La rueda de tiempo
abrumada con sorpresas del futuro,
son verdades del pasado
y se ahonda mi ser,
su condición de presente,
solo presente:
El mundo, la muerte,
un hombre que se traga su pequeñez,
su limitada existencia.

12.-Una violeta, sola

En medio de la hierba seca
una violeta hermosa, sola, se engalana.
Generosa su aroma regala.
Pero está sola.
Forman su corte amigos
crueles, vanidosos, hostiles.
Mira la rosa, sobre su erguido tallo,
altanera,
envuelta en sus colores,
llama, avara, la atención,
con aire distinguido, libido
hiriendo amorosa la pupila.
Una violeta, sola,
esconde su humildad,
mientras perfuma,
sola, proyección de vanidad humana.
Entona en su escondite
un campo lleno:
todas hablan, se comunican
pero ignoran el origen del aroma.
Una cigarra,
también escondida,
pone una tilde en su canción cansina
en un rincón y su yermo
morir de la espesura

13.-Solo memoria
Secuestro

Bachiller primerizo
con perilla china
canta una frase, una palabra.
Y la sella con ademán de gloria.
Leo un autor, su obra
y la mecánica cuántica
se enquista en un río protegido
monocromo;
nos limitan las creencias:
imperio, feudos, absolutismo.
El maestro dice, impone su libro;
se comentan los valores, lo vendido,
las mismas gafas con el mismo color.
La masa pesa, decide,condena,
aplaude, miente, ahoga.
La danza de la vida, la inspiración
nos libera con nuevos códigos,
con sus cuantos de luz, de tonos,
de campos en espacio-tiempo

14.-Leopoldo Panero

Deja tu ilusión bogar,
D Leopoldo, por el paisaje gris
del encinar callado.
La hamaca colgada
se adueña de un tranquilo soñar.
El camino estrecho,
apenas lugar para recuerdo,
se abre en la estampa de un pueblo
y en su otro extremo el tren viajero.

Cada día,
cada momento va cantando
la vida azarosa de una gente amiga.
Tu voz, tu talle confiado,
arrogante estalla en la palabra
de un verso de una risa de amor.
Acallada en el ir y venir
de la palabra, juego azaroso
de la política. Que te lleva al mareo
Olímpico.
La presencia del aire del Teleno
la encina sedentaria,
la presencia de inviernos y veranos
han creado en ti el invento
de ver la belleza de un entorno solitario:
Es la quietud silente
de una tarde de verano
con mente mariposa
de flor en flor,

caballero andante ante el palomar redondo,
con su arrullo robado de la pacífica paloma.
Pregunta abierta los ladridos de tus fieros cancerberos,
que escoltan luceros inquietos a media noche.
Y ahora tú, fiel alfarero,
moldea el verso
con tus anuncios
de celestial mensajero;
los golpes del corazón.

15.-A media luz

Este es un instante:
un instante callado,
un momento de mi vida,
una vida triste.
Vida medio encendida
que se apaga, y cae como una noche
por la oscuridad tragada.
La luz de mis ojos vaga
paso a paso en los pasillos,
dormitorios y salas de espera
con sus ruidos de otra vida.
De otra vida, ahora olvidada,
traste viejo, desdichado,
punto a punto,
paso a paso.
Me devuelve la mirada
la senda del recuerdo.
La mesa y sus secretos,
apilando libros, marcadores,
y renglones labriegos.
Aún mueve sus manos
en mi mesa, donde ella
puso su espíritu, sus ojos
limpios,
sus esperanzas y desvelos.
Al abrirse las cajones mil pájaros
toman vuelo,
recobrando en el espacio la libertad del recuerdo.
Ahora con polvo el piano y la guitarra

con su cadera abierta tiembla,
y muda yace en retirada.
Solo su acento,
de su lengua parlera,
es martirio en mis oídos
y aunque no quisiera, no puedo.
Corazón y palabra
acaban con mi alma y la razón,
hasta el momento,
que la casa donde vivo,
se vuelve más oscura.
La casa es vacía pero llena,
subiendo la escalera,
abriendo las ventanas,
andando en la cocina,
lar sagrado, donde sin su abrazo
aún huele el agua fresca de la vida
del amor y la emoción.

16.-Hojas muertas

Me has robado el verde,
me has puesto moreno,
un sucio amarillo,
soy un árbol abierto,
otoño malvado
con lluvias y vientos,
que de la montaña
anuncia su guerra,
mientras en la calle
unas luces tristes
cuentan el comienzo
de esa vida corta
que viste de luto
al bosque,al paisaje;
y al perder sus hojas
mil bocas canciones
se van,
en su última danza,
las hojas muertas.
El bosque
no llora, solo mira,
triste, la cruel despedida
de algo de sus ramas
que mueren y se van
en la danza hostil
con sus soles rojos
y la escarcha blanca,
con cielos azules.
Solo el viento torna

recuerdo de ayer,
sus hojas verdes que huyen,
y en sendas y caminos
ignotos esqueletos
tan solos se quedan. .

17.-Paula

Sobre un rayo de luz,
querida Paula,
has llegado hasta mí.
El azul del mar,
el mensaje salado
ha cobrado ilusión,
hervor canario.
Ha quedado prendido
en estos versos
tu afán aventurero,
tu esperanzada rosa,
tus pasos de avizor;
y te lleva hacia un mundo
que necesita ser iluminado

18.-Noche de reyes

Esta moche, con su magia,
guía a unos reyes de oriente
que vienen desde muy lejos
por un divino mandato.

Melchor, Gaspar, Baltasar
se han colado en la alcoba
de una casita humilde..

Madre e hija hablan así:

.- Yo no me quiero dormir
que quiero ver a los reyes.
.- Si te ven se marcharán
y tu sueño morirá.

La madre canta una nana
y la niña se durmió:
soñaba cosas muy bellas..
unos rubios angelitos
batiendo raudas sus alas
la querían y besaban
alabando al Niño Dios;
una música sonaba;
la niña era feliz
en gran salón adornado
con muchas luces y flores
y valiosos decorados.

Lleno de majestad
Gaspar le ofrece un regalo:
La muñeca celestial
que se llamaba Infantina.

Melchor le trae ropita
bordada en muy rica seda
y Baltasar le ofrecía
un hermoso coche cuna.

Cuando los reyes se fueron
la niña se despertó.
--Madre, me han dicho los reyes
que Infantina es buena niña
que es tan buena como yo.
La madre abraza a la niña
¡Hermosa noche de reyes!
que en su corazón guardó.

19.-Vida del campo

(Niños de las gleba)

Narrador:
De su mirada un recuerdo;
de su boca la palabra.
Niño de la gleba triste,
¿Con qué milagro cantabas?

Niño:
Solo, azul y nubes
en unos campos amenos
de opimos frutos sagrados.
En mí nacían las flores,
pero la amistad sangraba.
Que mientras los demás jugaban,
mi soledad se rendía.

Narrador:
Niño de la gleba triste,
¿Con qué milagro cantabas?

Niño:
.- Con mi canción en el campo
sentía tener en mis manos
los cielos llenos de estrellas,
la libertad de los pájaros.
Aquí en mi alma sentía
renacer ese milagro:

el milagro de mi infancia
con la abundancia del campo.

Narrador:
De su mirada un recuerdo,
de su boca la palabra

20.-Locos, locos.

Locos, locos.
Locos, locos.
Locos de Santa Lucía.
Decían los que pasaban
por la calle del psiquiátrico.
Unas verjas retorcidas
refugio y privacidad
daban a un jardín ameno.
En él alivio encontraba
aquella pobre gente
reducida a sumisión
de cualquier gesto rebelde.
A la entrada un letrero
anunciaba la mansión:
"Manicomio de la villa".
Solo eres libre fuera.
Una puerta lo selló.
Hasta que un día el letrero
de afuera a dentro pasó.
"Manicomio de la Villa",
y un subtítulo decía:
Los locos son los adentro.
Los de afuera cuerdos son.

21.-Astúrica

Por la carretera, madre,
van dos mulas tordas;
es siesta en el valle.
La feria se alerta
con sus esquilones,
fiebre del camino.
Por la carretera, madre
canta un carretero,
la quietud del río,
el temblor del álamo,
la fiesta del campo.
La ciudad de Astorga
con sabor a guerra,
lorigas y cascos,
espadas y hondas,
se bebe su épica.
Son dos maragatos;
golpean las horas.
Son dos mulas tordas,
es un carretero,
son tus compañeros.
Ahora es la palabra, madre,
con sus mulas tordas,
con dos campaneros
con sabor a viejo,
con su olor a bronce.
En un mediodía
sin la carretera,
sin su canto mozo,

sin los cascabeles,
¡ ciudad maragata!.
te quedas sin tiempo,
se rompe tu fiesta.

22.-Silencio

La supremacía de la palabra como forma de comunicación de la realidad obviada por la tradición occidental es, en nuestra época, una realidad cuestionable. (Rosa María Mateu).

Esta tesis testifica
que despertó una conciencia
alumbrada con la ciencia
del aula a quien deifica.

Apuntando, Platonín:

Silencio. Silencio ha dicho:
Respeto pido en mi nicho,
vacío, lleno y altivo, sin fin.
El lujo de la palabra
inseguridad me da, y miedo,
esperando que se abra
la mazmorra en que me hospedo.

Siendo como soy mi dueño,
solo soy un trotamundos
sin lugar, ocio y empeño
de terceros o segundos.

Siendo como dueño, soy
solo un despreciado,
un pobre ujier rebajado
en estos mundos de hoy.

Una palabra tiembla
abrazando sus silencios
no olvidados.
Cada arena del reloj
está apuñada
en un mundo de silencio,
acaudalado
dando su mano
a la angustiada mente, a lo oscuro del mensaje
cuyo punto se escurre sin poder
fijar la suerte repostada en la palabra
mensajera y aún oscura..
Y en un bosque de ruidos
gravita la ilusión
de nacer vida y caricias.
Es el pájaro inconstante,
amarillo en su plumaje,
el que mata en un espejo
su figura, ahora sin voz, pronto olvidado.
Es el árbol que no existe
si no es pensado..
sol y sombra, luz color
Todo lo envuelve y declina,
ser no ser,
silencio y ruido.
La sonrisa del pájaro, la piedra
engarzada en la pintada joya
es carne inexistente mas presente.
Mientras, ojo y pestañas
la palabra reclaman con su ruido
y regulador sabio.

Silencio, asombro de color en su menguante,
extenso y recortado
en luz pura, explosiva,

es un crepúsculo de sombra,
es un mundo sin límites, ni amantes.

Buscar lo que es viviente,
errar sin esperanza, sin pasado, ni futuro,
ser huésped de una máscara inmutable
será fin de su mensaje dudoso.
Silencio laborioso, que esculpe y adorna los mensajes
escondidos, rotos.
Silencio, sensual ausencia,
mundo lleno de vacío en calma,
sin metrónomo, ni voz.
Sea el silencio
del lujo de palabras
el reposo.

23.-Yo soy capitán

Yo soy capitán de un velero.
Los marinos son de plomo.
El mar sin olas ni viento.
Este viejo lobo,
así suele cantar:
date a la mar marinero,
rumbo a lugares ignotos.
Nadie podrá detenernos,
es un pequeño velero.
Es un barco de papel;
en él se esconde el tesoro
de mis ocultos deseos.
La brújula brujulea
en el confín de mi casa.
Capitán de mi destino
con mi mano, a capricho,
logras al puerto arribar.
Boga frágil velero.
Cumple mis sueños de niño
de vivir como pirata
en un barco de papel.

24.-Mi barco velero

Capitán soy de un velero:
los marinos son de plomo,
el mar sin olas ni viento.
Date a la mar marinero;
que brujulee la brújula
en el confín de un estanque
rumbo a lugares ignotos.
Es un pequeño velero;
es un barco de papel,
que no teme a los piratas
ni al oleaje vaivén.
Los escondidos tesoros
a buen puerto llegarán.
Date a la mar marinero,
es orden del capitán.

25-Quién pinta el cielo

Mamá, mamá,
el cielo está negro,
el cielo está azul.
El cielo está rojo.
¿Quién pinta el cielo?

¿Recuerdas tus sueños?
Recuerdas los bosques
poblados de duendes?
Ese mundo de brujos y brujas;
el pájaro de muerte, agorero
con su canto de miedo,

.-Sí, me da tanto miedo!!

--Con encantos mágicos,
conjuros y ungüentos
esconden la luna,
roban las estrellas.
Con su manto negro
se cubren la tierra.

--Da la luz, mamá,
quiero las estrellas
en mi vara mágica,
en mi pelo apuestas.

--Cuando ellas se marchen vendrán
esos cielos de azules muy limpios.

-¿ Cuántas horas faltan para ver ese cielo
con sol en los campos,
con magia en mis ojos
felices de verlos?

--Ahora tú, mi niño
cierra tus ojitos;
duérmete pintando
azules, rojos y verdes:
azules de amigos,
rojos de madre
y los verdes del campo.
No más nubarrones,
ni cielos tan negros.
Pinta el mundo azul
con sus soles rojos;
con besos de madre:
Cuando ya cansado,
el sueño es tu ángel
y el color tu amigo.

26.-Miguel Hernández
Niño de la gleba

Miguel, toma tu cayado.
Saluda a tu manada.
El sol perezoso está esperando
comenzar su tango.
Tu fiel perro
se torna zalamero.
Cada recuerdo tiembla en la miel de tu mirada,
en las lágrimas frías,
estrellas derramadas en el pasto acariciado.
La estatura del tiempo se ajusta
al mundo abierto, crecido
con lo más profundo de tu ser estallante
de resurrección de vida oculta
y en cada instante rescatada.
Sobre las lomas transparente de gloria y de misterio
el regalo apetecido se entrega y se inmola.
Sobre el ara inmaculada tú, el hijo de la gleba,
sobre la cruz levantas tu existencia.
Hontanar profundo, de una carne gozosa,
que tu rebaño, de su pasto olvidado,
te sigue en un trueque de entrega generosa.
Mientras, tus verdes pupilas van besando encinares,
praderas do crece lo filial del campo sano.
Mira tu pelo, al igual que los trigos, ser peinado
por la brisa juguetona
Recuerda, las lluvias, la escarcha, los días perdidos
en nidos de tu mente y de pájaros.

Lo cruel de ser humano y ser el pobre hundido
en la soledad de un hijo de la gleba.
Sin odio y sin traición en tu campo
con tu estrella, tu horizonte
que sobre tus hombros se levanta desafiante
y se acuesta cada atardecer, en una agonía
insistente.
Recuerda, hijo de la triste gleba, cómo rumbo estrella
con tu cayado marcabas el compás de tus canciones
y tu voz y tu palabra sobre el terruño operaba
la magia de las flores, el sueño de esos cielos endiosados.
No te olvides alondra en la mañana,
ruiseñor de la tarde,
que solo así aprendiste
a ser humano.
Hoy, tus hermanos pasean alejados de su tierra,
vencidos por los años
atormentados.

Tanto tiempo atados a la siembra, a cantar en la esperanza y la cosecha.
¿No reconoces esas caras, esos ojos, teñidos con el bronce de los soles
de la tierra?.
Como tú, hijos fueron también de oscura gleba,
ignorantes del cañón y de la espada, inexpertos en enjuagues
de una sociedad cansada.
Te veo pasear, a ti, fiel pastor de la manada,
buscando otros mundos y otros pastos.
Mientras cantas el peán de tus campos recordados,
quizás los reconozcas en sus paseos, al atardecer,
por los roncos bulevares de un León, envejecido;
rendidos, esos recios encinares, resecos y arrugados, doblados por la cruel
besana.
Recuerda, no eres hijo de la guerra.
Eres hijo de la gleba, ella te amamantó.
Ella te llenó de tus placeres en el campo,
forjó una tierra fuerte, te llenó placeres

y fuertes voluntades, tierra hollada,
mezclada con sangre ; tu voz, tu lucha,
no las balas, no la gente que huyó
buscando vestidos de coloridas togas, Yale, Harvard:
Esos fueron los niños de la guerra,
que aún tienen en sus manos
la gloria desertora en su mundo de olvido
sin poder parar su mortífero veneno.
Ven toma tu zurrón, tu cayado.
Un día de verano,
junto a los árboles, hoy envejecidos,
sangre rebelde, paso a paso por bulevar leonés
te recuerdan y saludan.
¿No escuchas su voz? Aquella infancia brutal,
sin primavera, ahora están de espera:
Un día sin sol, un día sin esperanzas ni regalos
se irán, inocentes corderos, expiación sacrificial.
Eres hijo del campo, de la gleba,
no cambies tu final, tu cayado te espera
en un rincón de mando, ostentando
su agreste libertad.
Mira esa gente amiga, te habla, te es sincera.
Al ritmo de sus pasos cortos, guerra campera.

27.-Dámelo

¿Me amas?
Dímelo, o mejor,
si prefieres,
sólo una cosa te pido:
No me eches en olvido.
Dámelo, por favor.

28.-El beso

Ese beso
tan sentido como amado,
crecido en rosas, preso a la carne de madre,
raíces bien enterradas
en la piel del encinar.
Es un beso que estalla
al sentirse amar.
Es el beso que ha crecido
con lágrimas de la mar.
Yo nunca vi ese beso,
nunca lo pude tocar.
Quizás mis amigos, mis padres
no me lo supieron dar .
Hoy, huérfana siento la vida,
no sé si abrazar o llorar.
Tanto del beso allegamos
de los besos de verdad.
Su ausencia me borró el mundo
y crecí en mi soledad.
Sola. sin besos ni abrazos,
no se acierta a caminar.
Sin besos y sin caminos
solo hay fatalidad.

29.-A Carlos Remar ante una tarta con sus candelas

Brisas del mar,
vientos del Ande,
llama en la candela.
"Make a wish"
mientras arde
alguna ilusión que espera
quemarse,
huésped apenas
en el oscuro cofre
de accidentada conciencia.
Hágase realidad, dices,
La magia de mi palabra.
Hágase. Hágase. Amén, así sea.

30.-...¡Que es primavera!

-. .....que es primavera.
dijo el chopo alto
colgado del cielo.

.-.....¡que es primavera!.
Exclamó el almendro
Ya vestido de blanco
o de morado.

.-....¡que es primavera!.
Y el alegre magnolio
abrió su abanico blanco
con sombras de color.
Un silencio trémolo
del viento del sur
comienza el concierto
de flores salvajes
de un jardín riente
que recuperó vida.
Revientan al aire
las bocas calladas
del invierno triste
con su nueva carne.
Se visten de gloria
de la primavera.

31.-La palabra

La palabra
Es la palabra.
Un silencio, una palabra.
Es silencio y es misterio:
Es fondo oscuro;
es la palabra y zozobra
en reluctante fuego.
Espejo fue.
Espejo roto
el alma de las palabras.
El silencio es escudero;
es casa de la palabra:
sonoro signo de fuego,
lábaro y real objeto.
Es símbolo, es invitado.
Es realidad, es niebla
de la palabra.
Es la tiniebla manchada
de luz.
Es la luz acompañada de sombras,
de silencios negros y oscuros,
que venden vacío.
Es la sombra dormida
que despierta y resucita,
y dicen, y cantan y suenan.
Fue un silencio el principio.
Fue la palabra en su tinta,
en su armonía dorada
el amanecer clareado
del discurso y la palabra

32.-Resurrección

Verde de mi pelo
en un cielo azul.
Es la primavera;
revienta la vida
risa de colores.
Tremulante amor
engendro de mundos
los sueños de un dios.
Las arpas celestes
de pluma
tejen su canción:
es el hormigueo
de plantas y flores
que tiemblan al beso
y abrazos de sol.
Sangre primavera
con vestidos nuevos,
con cara de fiesta
es el árbol nuevo
en cualquier rincón:
feria de las flores,
combate de ojos
y precios cautivos
son campos abiertos,
primerizo almendro,
y sus flores moradas
o blancas;
forsitia amarilla
prenda generosa

de aguas de abril,
en cunas de ríos
música del agua
y voz de los valles,
del campo
es resurrección.
¡Es la primavera!

33.-Tierra de nadie
(Hotel "La Quinta" Andover)

Fuera el sol se duerme
sobre el asfalto calcinado.
Desde la ventana del hotel
la mirada se encalma
en una siesta continuada
de sol y humedad,de un andar cansino.
La ruta 93 ronronea
con motores hirvientes
de coches y camiones.
Es Julio y la alameda en un alarde
de sombra y de aire caliente
susurra en los rostros caldeados y morenos.
La gente siente el verano,
vive el verano.
El coche se llena del ensueño de playa,
el baño refrescante, los castillos de arena,
los entierros juguetones de la pícara
infancia proyectando su ilusión sobre la arena
fina y quemante. Risas, juegos,
olas gigantes,
ruedan, tiovivos del mar, que suben y bajan a la orilla
y dejan su alimento a las gaviotas, zalameras
mientras recogen su manjar frugal.
La gente va de prisa
La gente vive la marea del tiempo,
no se para a contemplar la ciudad,
ciudad con sus calles desiertas;

solo el sol parece albergar
su dominio de espacio
que se adueña de esa tierra de sol,
tierra abrasada, de nadie
tierra abrazada al imperio
estacional.

34.-Oh belleza siempre antigua y siempre nueva

Sumido en la sencillez
del campo ameno
me invade el deseo
de aprisionar mi vida,
mi ilusión, la juventud
honesta, doncellas y mancebos
y girar con la música
del mundo celeste, universal.
Puesto el atento oído
en acorde con esa ley divina
que organiza el mundo
con su armonía y su ruta infinita:
música y amor
amor y música.
El eros creador
plectro con que un buen dios
gobierna lo alto y sideral,
lo poblado de este mundo de abajo,
con sus adornos y cambios,
alternando lo estrellado,
lo caduco y mundanal,
árboles y flores
y en este rincón efímero
nace el amor,
la belleza del mundo,
el poder y la nobleza
el orgullo y la afición

lo impío de una espada,
lo cruel de una cerviz herida.
Y llega la redención del sabio
dominando lo feroz y lo sereno
el mundo que de lejos nos brinda
su grandeza y su armonía.
Una cítara acompaña
la estrella girando,
la lluvia rezando,, el granizo
y la tormenta acompañando
temor y amenaza, creación e inmensidad.
Todo dejado, abandonado en una frágil nave.
El sabio canta la paz sosegada.
El caballero pasa en su grupa
de púrpura adornada abriendo puertas
regala al peregrino
una vida de paz bien abastada.

35.-A Isabel Carrasco

Cuatro tiros la mataron,
cuatro.
Son los 4 evangelistas.
Cuatro.
Los 4 puntos cardinales.
Los 4 espíritus del poder de un reino.
Las 4 balas que la traspasaron.
Los 4 minutos que duró el martirio.
Un río, el puente
sin barca para Leteo.
Mirad, viene un surtido de nubes.
Todo ojo lo mira, cayendo está.
Se conmueve una ciudad, un reino.
Así es visto, será sentido
y escrito
Se ha sembrado
la tribulación del reino
a causa de una palabra,
del mando de la palabra;
afán de morir salvando;
un amor en lontananza;
soberbios grandes de estado.
La trinidad de este mundo
y su juego; el pobre, el rico y el mando.
Su vana existencia anhelada;
la envidia y la venganza;
la justicia desespera.
Cuatro balas
lo sellaron:

Un veredicto sangrante;
cuatro pájaros volaron
sobre el Bernesga miedosos:
y la corneja malvada,
y el tordo y el mirlo
y la urraca cubrieron su cuerpo inerte
de muy tristísimo negro.
No se escucharon los gritos
por el eco amordazados;
ni silbaron tristes balas
cubiertas de tanto odio
que comenzaron la guerra
para robar la victoria:
Cuatro gendarmes cubrieron
el cuerpo.
Era al filo de la tarde.
El sol se rendía a lo lejos
sobre el puente del Bernesga.
Se apagaba un cuerpo herido.
Ya está cubierto
por un sudario muy blanco
teñido con sangre fresca.
El eco de 4 vientos
Suenan en la ciudad leonesa.
El puente de la esperanza
en la traición causa no,
fue solo
un testigo sin palabra.

36.-El tintero del poeta

El tintero del poeta.
La imagen de la palabra
negro color del silencio:
La pluma hilo de invento
llama al encuentro vivo,
arco de emoción y herida
sonando acerado plectro.
El negro se vuelve bronce.
La luz se torna sendero.
Mil bocas con su mensaje
asonantan nuevas épicas.
Cae un mundo
y otro agiganta :
Confieso que he vivido.
Necesitamos vivir
que se queda en los recuerdos
Avaro asido mi mundo,
familia, institución
de los sagrados secuestros,
feudalismo de un tintero
la magia de cuanto ocurre
nos ata, nos reduce
al blanco de sumisión.
Mil bocas han sido afinadas,
Monótona afirmación
frente a un criterio personal y cuerdo
Se acepta el mandato suicida:
Amén, amén, amén
Raspa sin compasión. Voz y magia.

Luego viene el poeta, canta sus sagas.
Nace el héroe, el mártir, el atleta.
Se oye tenue la voz,
la pluma sobre el papel
el tintero del poeta
sella un icono luz
y es voz
de otros tiempos nuevos.

Printed in the United States
By Bookmasters